동물원에는 실향민이 산다

도서출판 천우

● 시인의 말

   시를 쓰기 시작하면서 무심히 지나치던 사물과 풍경들이 내게 말을 걸어왔습니다.
   아니 진작부터 말을 했는데 못 들었겠지요.
   그들이 들려주는 이야기를 글로 풀어내고 싶었습니다.

   제법 공을 들였다고 생각하는데도 막상 대중 앞에 드러내면 부끄러운 게 두 가지 있습니다.
   바로 기도문과 시입니다.
   공개된 후에는 이미 나의 범주를 벗어나기 때문일까요.
   마음에 드는 시를 평생 몇 편이나 쓸지 어쩌면 한 편도 못 쓸지 모르겠다는 생각이 들기도 하면서 그런 목마름이 계속 글을 쓰게 하는가 봅니다.

   대면접촉보다 online 상의 만남이 점점 익숙해져 가는 현실에서 우리 사이의 소통이 불편해지고 관계가 단절되지 않기를 바라는 마음에서 시선을 한정해 두지 않으려 노력합니다.

 따듯한 세상을 위해 우리 이웃과 사회가 연대 의식을 갖고 동행하는 데에 삶의 의미를 찾고 그 속에서 희망을 보기를 그리고 나의 글 단 한 줄에서라도 누군가 위안을 얻고 공감한다면 필자의 약한 필력은 힘을 얻을 것입니다.

 나약해질 때마다 에너지를 공급해 주시는 주님께 감사드리고 글밭에 카펫을 깔아주신 김천우 이사장님과 윤제철 지도교수님께도 감사를 드립니다.

2025년 10월

전혜자

● 축사

섬세한 예지력과
풍요롭고 아름다운 시세계

감성철학자 김 천 우
(시인 · (사)세계문인협회 이사장)

   시인에게 첫 시집 발간하는 일, 문인으로 자리매김하는 가장 중요한 업적이 아닌가 싶다. 오랜 습작기를 거쳐 지금까지 차곡차곡 쌓아 올린 단단한 詩의 세계가 얼마나 거룩하고 숭고한 일인가? 묵혀둔 작품은 종이에 불과할 뿐이며 작가 자신이 용기를 가지고 실천하는 과정은 천 가지 만가지 상상과 생각보다 훨씬 더 훌륭하고 빛나는 과업이라 생각한다. 대부분의 현역 작가들은 내가 과연 잘할 수 있을까? 혹은 부끄럽지 않을까?라는 좌초적인 생각으로 엄두를 내지 못하는 작가들이 허다한 실정이다.

   전혜자 시인의 시집 발간은 제목부터가 예사롭지 않다.『동물원에는 실향민이 산다』안락하고 익숙한 삶의 풍경보다 훨씬 앞선 정신세계의 이정표가 시인의 신선한 도전과 자기 성찰의 깊고 넓은 가치관을 확립하는 중요한 역할을 하고 있다. 안주하는 삶은 잠깐 위로와 평안함을 전달해 주지만 미래지향적인 확신이 없다는 사실이 증명된다. 전혜자 시인의 시인 정신은 고고하면서도 단아하며 숭고한 자신만의 작품세계야말로 행복을 충전하는 무릉도원이 아닐까 싶다. 흠잡을 데 없는 언어의 연금술이 독자들에게 공감대를 일으키고 작품마다 섬세한 예지력과 풍부한 시인의 뜨거운 열정에 박수갈채를 보내고 싶다. 시인의 『동물원에는 실향민이 산다』는 제목처럼 내공이 깊은 작품 속에서 사막의 오아시스를 발견하는 기쁨을 독자들에게 선물하는 계기가 될 것이다. 전혜자 시인의 가을 시집 상재는 구르몽의 낙엽보다 먼저 독자들에게 행복을 건네주는 천사의 선물임을 증명하는 바이다.

"The alchemists in the search for gold discovered many other things of greater value(언어의 연금술사들은 금을 찾다가 그보다 훨씬 값진 다른 무언가를 발견한다)." 전혜자 시인의 시집 속에서 별빛처럼 빛나는 詩의 아름다운 수호천사를 만날 것이며, 첫 시집 상재를 축하하는 바이다.

● 축하의 글

　인생의 어느 시절에도 꽃은 피어납니다.
　일흔이 넘은 나이에도 첫 시집을 내신 전혜자 님의 걸음은 늦게 피어난 꽃이 더욱 향기를 머금는 것과 같습니다.

　이 시집에는 한 사람의 긴 삶이 고스란히 담겨 있습니다.
　잔잔히 흐르지만 깊이를 알 수 없는 강물처럼,
　때로는 바람결에 스치는 풀잎처럼,
　일상의 언어들이 시인의 손끝에서 새 생명을 얻었습니다.

　믿음으로 살아온 날들의 흔적은 시 속에 직접적으로 드러나지 않아도 그 삶의 결이 이미 한 편의 시가 되어 있습니다.
　그래서 이 작품들은 단순히 문학의 성취를 넘어
　우리에게 삶을 새롭게 바라보는 눈을 열어 줍니다.

시집 『동물원에는 실향민이 산다』는 우리 시대에 흔치 않은 귀한 울림의 책입니다.
　시인의 눈으로 본 현실, 시인의 마음으로 건져낸 사유가 독자들의 가슴속에서 피어나기를 소망합니다.

　첫 시집의 발간을 진심으로 축하드리며 그 시와 삶이 더 많은 이들에게 빛과 위로가 되기를 기도합니다.

강남한빛교회 담임목사
박 봉 희 드림

제1부
한 걸음만 천천히

- 시인의 말
- 축사 감성철학자 김 천 우 (시인·(사)세계문인협회 이사장)
  　　　박 봉 희 (강남한빛교회 담임목사)

장터 ― 15
폭우가 지나간 자리 ― 16
도시의 새벽 ― 17
넉넉한 봄 ― 18
쳇 GPT의 그늘 ― 19
막내딸네 가는 길 ― 20
한 걸음만 천천히 ― 21
머릿속 청소 ― 22
여행 ― 23
개인 비서 ― 24
지름신 ― 25
살아보니 ― 26
이사 ― 27
산타를 기다리며 ― 28
미아리에는 텍사스가 없다 ― 29
벗겨진 신발 ― 30
황톳길을 밟으며 ― 31
독도 ― 32

제2부

세상의 중심은 누구인가

소유 __ 35
문명의 이기 __ 36
기억 실종 __ 38
절제 __ 40
이런 나라가 되게 하소서 __ 41
불청객(튀르키예 지진) __ 42
노시니어존 __ 43
물에 대한 고찰 __ 44
동물원에는 실향민이 산다 __ 46
실낙원 __ 47
나를 슬프게 하는 것들 __ 48
바다의 비명 __ 49
전쟁 __ 50
태극기 __ 51
세상의 중심은 누구인가 __ 52
더불어 사는 세상 __ 53
광복 80주년을 맞아 __ 54
말과 글의 자리 __ 56

제3부
더 나은 세상을 위하여

폐지 줍는 노인 __ 59
복지관 할머니 __ 60
따돌림 __ 61
미혼모 __ 62
손익결산 __ 64
현충원에서 __ 65
소녀 가장의 하루 __ 66
더 나은 세상을 위하여 __ 68
아가의 눈물 __ 69
말의 상처 __ 70
어느 청년의 마지막 메시지 __ 71
해피 __ 72
자랑하는 맛 __ 73
국제결혼의 그늘 __ 74
안내양의 추억 __ 75
내일을 말할 수 없는 사람들 __ 76
명품 이야기 __ 78

제4부

평생 단짝

어린이집 가는 길 — 81
그대에게 — 82
작은 공연 — 84
그리움으로 남은 것 — 85
단짝 친구 — 86
커피 내리는 남자 — 88
화수분 — 89
연민 — 90
아름다운 친구(최광순 님에게) — 91
아름다운 친구 2(남미에게) — 92
네잎클로버 — 94
첫사랑 손자 — 96
개나리 동산 — 97
연륜이 깊은 부부 — 98
동네 우물 — 99
사람의 가치 — 100
평생 단짝 — 102

제5부
당신의 수호신

응급실 가는 길 __ 105
어머니의 가슴 __ 106
엄마 닮았네 __ 107
생이별 __ 108
부러운 것 __ 110
어린 날의 추억 __ 111
친정에 가는 날 __ 112
잊지 못할 생일상 __ 114
후회 __ 116
떠나가신 어머니 __ 118
당신의 수호신 __ 120
떠나기 전에 __ 122
국화빵 __ 123
손 __ 124
선물 __ 125
몸의 반항 __ 126
나 __ 127
시 창작 __ 128
미련과 아쉬움(수필) __ 129

● 해설 시인의 사고(思考)와 심상(心象)/윤제철 __ 132

제1부
한 걸음만 천천히

장터

과일 생선 채소들이

간택을 기다리듯 다소곳이 앉아있고

눈길 끌려 펄떡 뛰는 산낙지와 생새우도 있다

생선 토막 치는 칼이 도마 위에서 춤추고

과일 담는 봉지에 웃음도 슬쩍 담고

싱싱한 채소에는 파릇한 생기를 덤으로 얹어준다

장터에는 상품과 돈만 오가는 게 아니다

팔아서 기쁘고 사서 즐거운

흐뭇한 마음도 주고받는 곳

폭우가 지나간 자리

집집마다 쓰레기로 쌓인
침구 가구 비품들 사이로
탄식과 근심이 누워있다

분신처럼 마주하고 손길이 닿던
물건들이 흙탕물에 오염되고
뒤틀려 쌓여있다

새 주인을 기다리던 상품들은
침입자를 피하지 못해
중상을 입고 일그러졌다.

잡동사니가 된 살림 위에
깊은 한숨
버려진 상품을 속절없이
떠나보내는 서글픔

잃은 건 물건만이 아니고
가치 잃은 상품만이 아니다

수많은 손길이 담긴 추억과
한 푼 두 푼 모아 채우던 희망도
함께 휩쓸려갔다

도시의 새벽

단잠에 빠진 도시를
달님이 중천에서 굽어보는데
무거운 눈꺼풀로
가로등에 의지해 발걸음 옮긴다.

첫차 네시 반 버스는 언제나 만원.
승객은 아주머니들과
간간이 섞인 중년의 남자들
대부분 남대문에서 내린다.

점령군처럼 진격해
선잠 깨워 하품하는 고층 건물 층마다
불 밝히는 아줌마들
남보다 먼저 시작하는 하루
계단과 복도를 세수시키고
휴지통도 엉덩이를 쳐들어 비운다

굵어진 팔뚝은
가족의 생계를 감당한 흔적

말끔해진 사무실에 들어서며
출근시간에 몰려드는 사원들
먼저 다녀간 손길을 생각이나 할까

넉넉한 봄

단비가 반가운 벚꽃
흩날리며 신나게 꽃비로 화답하니

덩달아 애기동백
송이채 뚝뚝 몸을 떨구네

만개한 얼굴 보려 위를 보고 걷던 길
내려앉은 꽃 무리에
고개 숙여 내려보네

사뿐사뿐 즈려밟는 꽃길
소월의 시 읊으며

꽃 풍년 눈 풍년
마음도 풍년 안고 들어서는데

촉촉한 꽃잎들
신발 따라 묻어왔네
인심 후하게 쓰니
봄은 이렇게 넉넉하구나

쳇 GPT의 그늘

머리를 쓸 필요가 없다
자료만 입력하면 답이 척척 나온다.
자기소개서도
입사 시험도
광고 카피도
다양한 예술 작품도 만들어낸다.

노력도 열정도
고뇌도 필요하지 않다.

주문하는 대로
수행한다.
기업들은 반긴다
많은 인력들이 밀려난다.

조력자도 필요 없고
대표 한 사람이면 해결된다.
모든 결정은 인간이 내리는 게 아니다
인공지능이 지배하는 세상
축복이 될까 재앙이 될까

막내딸네 가는 길

열차 안에서 차창 밖
시야가 탁 트인 벌판이 들어온다

옹기종기 모여 앉은 납작한 집들이 정겨워
친근한 이웃인 듯 문 두드려
한 줌 햇살 같은 인사 나누고 싶다

긴 머리를 바람결로 빗질하는 나무들
맨발로 밟으면 발가락을 간지럽힐 초록 들판
숲 사이로 보이는 작은 오솔길

사발을 엎어놓은 듯한 무덤들
인적 드문 산중이 개발로 도로변이 되었지만
밤낮을 기적 소리 자장가 삼아
단잠을 자고 있네

한 걸음만 천천히

전동차 들어오는 신호에
몇 계단 건너뛰며 후다다닥 내딛는 발걸음
위태로워 보는 이가 불안하다

밀리는 차들 뒤에서 요란한 경적
요리조리 차선 바꿔 추월하더니
기껏 신호등에 멈춰 서있네

정석대로 주행하던 이들은 실소를 흘린다
한 걸음만 천천히 가면 어떨까

조급하고 여유 없음은
바쁜 탓만은 아닌 듯

머릿속 청소

폰에 저장돼 있으니
수첩도 필요 없고 외울 일도 거의 없다

암산이 안 돼
휴대폰 계산기를 두드린다

친지들 연락처 몇 개나 외울까
자식들 나이도
출입문 비번도
내 차 번호도 갑자기 막힌다

정보의 홍수 속에 잡다한 내용들이
머릿속을 차지하니
정작 필요한 것은 밀려난다

머릿속 잡동사니를 비우는
청소가 필요하다

여행

여행은 잠자고 있던 세포를 깨워준다

짐을 쌀 때는 설렘
떠날 때는 기대감
여행지에서는 즐거움
돌아오면 뿌듯함

반복되는 일상에 무디어진 감각이
호기심으로 반짝이게 하고
새롭게 자극하는 묘약

에너지를 충전시키고
생기로 적셔준다

개인 비서

궁금한 것은 바로 알려준다
선생님도 사전도 필요 없다
계산도 척척
낯선 길도 다 안내해 준다

필요한 것은 클릭 한 번에
문 앞까지 배달해 준다
이 비서만 있으면 시간 가는 줄 모른다
친구가 없어도 외롭지 않다

지하철에 노약자가 서 있어도
비서 덕분에
앉아서 시선을 피할 수 있다

이 비서를 분실하면 어떻게 될까
막막해진다

비서 없이는 일상이 불가능하도록
휴대폰에 길들여진 우리

지름신

눈부신 조명 아래
면접 대기자처럼 차려입고
진열대에 도열한 상품들

TV에서는 쇼핑호스트가 호객을 한다
방송 중에만 드리는 이 가격
놓치지 마세요
선착순 사은품도 드려요

기회를 잡으라고 열변을 토한다

필요해서 구입하는 걸까
들여놓을 공간도 부족한데
상품은 쌓여가지만
마음속 공간은 채워지지 않는다

살아보니

남의 일이 아니었다
뉴스에 보도되는 가슴 아픈 사연
끔찍한 사건들

재앙과 비극에 타자의 시선으로
잠시 안타까워하고
지나쳐버렸다

불행은 예고 없이 방문한다
내게도 언제든지 일어날 수 있는데
나는 비껴가리라는 착각은
얼마나 무모한 믿음인가

하루하루 무사함을 감사하며
겸손하게 살아야겠다

이사

이사하는 날
낡은 것 망가진 것 고장 난 것
버릴 것이 많다

왜 이런 걸 쌓아두고 살았을까
쓸데없는 것들이 마음자리 차지해
여유 공간이 없었구나

나쁜 습관
부정적 감정
쓸데없는 걱정
과감히 버리자

따듯한 기억
넉넉한 마음
이해와 배려를 싣고

만료된 올해에 미련 두지 말고
희망과 기대로 새해의 문을 열자.

산타를 기다리며

일 년에 한 번 산타가 오시는 날
교회에서는 절편을 두 개씩 주었다
아버지도 그날은 산타가 되셨다

설레는 마음으로 풀어본다
사탕 과자 캐러멜 껌이 골고루 들어있는
보물 상자는 해태 종합 선물세트

알록달록 포장지보다 더 곱게 물드는 마음
세상 무엇도 부럽지 않았다

과자 한 봉에도 행복했던 시절은 지나가고
모든 것이 풍요로운 시대

우리나라와 온 세계의 평화를
싣고 오실 산타는
언제 오실까

미아리에는 텍사스가 없다

길음역을 찾다 발견한 지름길
초저녁인데 인적이 드물다
걷다 보니 눈에 띄는 색다른 광경

드레스를 차려입은 여인들
공연 연습실인가
무대 대기 중인가
신기해서 보는데 계속 이어진 모습

쇼윈도에 진열된 듯한 여인들을
외면한 채 빠르게 걸었다

길고도 멀게 느껴지던 그 길을 벗어나며
이곳과 미대륙의 지명이 무슨 관계가 있는지
의문이 들었지만 답을 얻지 못했다

벗겨진 신발

역 앞에 쪼그려 앉은 소년 앞으로
무수한 발들이 지나간다
반짝이는 구두코에 올려다보니
또래 아이였다
낡아 해어진 자신의 신발을 보는 소년

도착한 기차에 우르르 몰려드는 사람들
마지막으로 올라탄 아이의 발에서
벗겨지는 신발 한 짝

당황한 아이를 보는 순간
소년은 신발을 주워 힘껏 던진다
아슬아슬하게 잡는 아이의 손에서 놓친 신발

떠나가는 기차를 안타깝게 보는데
남은 한 짝을 밖으로 던지는 아이

놀란 소년과 눈이 마주치자
아이는 손을 흔들며 멀어져 갔다

황톳길을 밟으며

맨발로 땅을 디디니 거칠고 울퉁불퉁한 촉감
발바닥이 눈을 크게 뜬다

신발과 양말에서 해방된 발가락은
흙장난에 신났다

예전엔 어디든 흙투성이였다
집 마당엔 채송화 봉선화가 문간을 지켰고

아이들이 뛰노는 골목 담 밑엔 숲 내음 품은 이끼가
터를 잡고 살았다

부엌도 흙바닥이지만 어머니의 수수비로
정갈하기만 했다

이젠 공원도 산책로도 포장된 길
인공으로 조성된 황톳길을 밟으며
어린 시절 놀고 걷던
친근한 흙의 회상에 잠긴다

독도

예나 지금이나 대한민국 영토가 분명한데
왜 이리 가슴이 벅찰까

독도에 발을 디디니
높은 바위 위 갈매기들이
관광객 구경에 여념 없다

남의 집에 문패 달겠다고 떼쓰는 이웃 생각에
언짢은 것도 잠시
환호하는 관광객 대열에 합류한다

태극기를 흔들며 만세 부르고
울릉도 동남쪽 뱃길 따라 이백리를 부르며
모두 한마음이 된다

언제 어디서나 국민들이
이렇게 한마음 한뜻으로 나아가기를
간절히 바라며 아쉬운 발길 돌린다

제2부

세상의 중심은 누구인가

소유

아파트 평수가 늘어나도
가전제품 생활용품 가구들이
공간마다 점령한다

집기 비품이 늘어날수록
쉴 공간은 많지 않고
점점 밀려나는 나

건강용품 늘어나고
공기청정기 안마기 들여놔도
더 아프다고 호소하는 몸

문득 둘러보니
이게 다 필요한가 싶어
옷장을 헤집고
서랍을 쏟아 하나씩 집어 들지만

버리지 못해 다시 제자리로 들어간다
나는 그것들을 소유하는 걸까
소유당하는 걸까

문명의 이기

세탁기가 빨래하고

청소기가 청소하고

식기세척기가 설거지한다

코드만 꽂고
버튼만 누르면 된다

에어컨도 TV도 선풍기도
리모컨이 작동시킨다

그런데 왜 시간이 없고 바쁘기는 더 바쁠까

생활은 편리해졌는데
머릿속은 왜 더 복잡할까

전화조차 번거로워 톡으로 날리는 안부

축하도 감사도 이모티콘으로 보낸다

정겨운 손 편지 써본 지가 언제인지

성탄카드 묵혀놓고 못 보낸 지 몇 해인지

손발이 편하다고 마음까지 편할까

문명의 이기가 주인 되어

우리를 다스리는 것 아닐까

기억 실종

냉장고 문을 열고 우두커니 섰다.
창고에 들어가서도
장승이 돼버린 나

뭘 가지러 왔지?
미아처럼 기억 속을 헤매다
하릴없이 도로 나온다

잠시 주방을 떴을 뿐인데
현실의 시간은
잠시가 아니었나 보다

가스레인지 위 냄비가 타고
잠그지 않은 정수기 물이 넘쳐
한강을 이룬다

생각날 듯 말 듯 가물가물한 이름
기억의 한 자락 붙들고 애써보지만
입안에서 맴돌다 멈출 뿐.

그런데 정작 잊고 싶은 건
왜 선명한지
상처 분노 배신

굳이 저장하고 싶지 않은데
왜 기억 속에 남아있는지.

절제

조금 덜먹으면 될 것을
수저를 내려놓지 못해 속이 거북하다.

조금 참으면 될 걸
분을 내어 혈압이 오른다.

내가 양보하면 될 걸

욕심을 버리면 근심도 없는데
내려놓지 못해 무겁다.

날카로운 한마디 삼키지 못해
상처를 준다

너도 아프고 나도 아프다.

절제하면 이리도 가벼운데
비우면 이리도 편한데
내가 부끄럽다.

이런 나라가 되게 하소서

점수나 성적으로 줄 세우지 않는 나라

경쟁보다 협력을 가르치는 나라

성실과 노력으로 흙수저도 성공하는 나라

배경보다 실력으로 인정받는 나라

강력 범죄가 사라지고
생명을 존중하는 나라

부자들이 도덕적 의무를 함으로
존경받는 나라

정치인이 특권을 내려놓고
서민처럼 사는 나라

내가 배부를 때 배고픈 이웃을 생각하고
따듯한 이웃이 되어주는
따듯한 사람들이 사는
그런 사람들의 나라가 되게 하소서

불청객(튀르키예 지진)

겨울잠에서 깨어난 단층이
기지개 켜는 소리에
황망함을 느낄 겨를도 없이
검은손이 다가오는 기척을 누가 알았으랴

비명과 절규를 삼키며
찰나에 무너져 내린 건물들
순식간에 폐허가 된 도시

처절한 울부짖음은 산자의 몫이다
강풍 맞은 낙엽처럼 우수수 져버린 생명들
그 땅에 태어난 게 죄일까
끔찍한 기억과 평생 치유되지 않을
상처를 안고 살아갈 이들도
죽은 자보다 낫지 않으리

한 명의 생존자라도 남아있기를
그리고 구조되기를
잃어버린 삶의 터전에도
평화가 오기를

폐허가 된 그들의 가슴에도
봄이 오기를
이 기도가 하늘에 닿기를

노시니어존

밀어내도 막무가내 안기는 세월
주름진 얼굴 엉성한 머리숱
육신은 마음대로 따라주지 않고

카페도 호텔도 펫존이 성행인데
식당 출입문에 내건 60세 이상 출입제한 팻말
옆에 붙은 애완견 환영 안내문

답답하고 완고하며 반말에 무례함
노인은 더 이상 공경의 대상이 아니다
비생산적이고 사회적 비용만 가중시키는 존재로 인식될 뿐

노인의 경륜과 지혜가 필요하지 않음은
검색으로 모든 지식과 정보가 해결되기 때문

노키즈존에 이어 노시니어존
상호존중과 이해로 풀어갈 수 없을까

물에 대한 고찰

시작도 끝도 알 수 없는 너는
언제 어떻게 태어났는지 아무도 모른다
색도 냄새도 맛도 형태도 없지만
천의 얼굴로 변신하는 너

너를 한마디로 정의할 수 있을까
모든 생명체에게
풍요를 선물하면서
대가를 바라지도 않는다

가볍게 날아올라 하늘 유람 다니다
때론 살며시
때론 우렁차게 소리 지르며 내려오고
천둥번개와 만나 의기투합하면
거친 에너지를 발산하며 존재감을 과시한다

자연이 겨울잠에 들 때는
삭막한 대지에 산타처럼 찾아와
온천지를 하얗게 페인팅하며
즐거워하는 너

모든 존재와 함께 있으되
다스리지도
지배하지도 않는 너
신비하고 경이롭구나

동물원에는 실향민이 산다

위풍당당하던 기세는 어디로 가고
좁은 우리에 갇혀 늘어져 자는 사자

육중한 체구에도 불구하고
재롱에 투혼을 발휘하는 코끼리

관람객이 던지다 철망에 끼인 먹이 부스러기를
덩치에 어울리지 않게
앞발로 꺼내려 애쓰는 곰

바다를 떠나와 수조에서 평생
벗어나지 못하는 물고기들

느닷없이 잡혀 와 자유를 빼앗긴 대가는
노력 없이도 주어지는 먹이뿐

그리운 고향으로 돌아갈 희망도 없는데
오늘도 이루어질 수 없는 꿈을 꾼다

실낙원

모든 생명체들이 공존하며
살던 창세 시대
사자도 유순한 초식동물로
아이들과 어울렸다

우연인지 필연인지 평온한 행복을 시기하는
뱀의 출현은
유혹에 약한 인간의
치명적 약점을 건드리는 데 성공했다

욕심이 암세포처럼 전이되며 불행이 시작되었다
전쟁과 파괴 살인 폭력
평화는 깨어지고 불안과 공포가 그 자리를 차지했다

물질이 풍요롭고 문명이 발달한 세상에서
많은 것을 누리지만
시한부 행복은 제한적일 뿐이다
탐욕과 이기주의는
인간을 스스로의 감옥에 가두었다

우리는 낙원을 회복할 수 있을까

나를 슬프게 하는 것들

밀림에서 포효하다 우리에 갇혀 야성 잃은 맹수가
나를 슬프게 한다

곡예단에 길들여진 코끼리의 공연이
나를 슬프게 한다

지하철에서 새치기로 자리 차지하는 젊은이가
나를 슬프게 한다.

위태롭게 서있는 노인 앞에서 조는 척하는 젊은이가
나를 슬프게 한다

개업한 지 일 년도 안 돼 철거하는 간판이
나를 슬프게 한다

산더미 같은 폐지를 끌고 가는 노인의 굽은 등이
나를 슬프게 한다

수목장지의 아기 사진과 사탕 과자가
나를 슬프게 한다.

꿈조차 꾸지 않고 열정을 잃은 이 시대 청년들이
나를 슬프게 한다

바다의 비명

절경을 감상하려 해안가로 내려가니
스티로폼과 각 나라의 상표가 있는
과자 봉지 등이 해수욕을 하고 있다

고래 뱃속에 가득 찬 페트병과 비닐 쓰레기
코에 빨대가 박혀 신음하는 바다거북
죽은 새의 위장에 들어있는 병뚜껑
먹이로 착각한 해양생물의 잘못일까

조각나 부서진 플라스틱은
식탁에서 귀한 대접받는
해산물 몸속에 침투하고
그 종착지는 어디일까

전쟁

포격으로 파괴되고 폐허가 된
삶의 현장에서 희생된
무고한 생명들의 혼은 허공에 흩어지고

공격명령을 지상과업인 듯 수행한
그들의 눈은 또 다른 목표물을 찾아
광기로 번뜩인다

가족과 터전을 잃고 죽음의 능선을
넘어갈 때 흘리는 피눈물은
점령군의 군화를 적시지 못한다

인간의 역사는 침략의 역사인가
정복욕은 끝이 없고
마지막 누울 자리 넓지 않건만
영토욕은 하늘을 찌른다

복수는 보복을 낳고
피는 피를 부른다

이 땅에 평화는 요원한 것인가

태극기

하늘은 전체가 하나이지만
땅은 나누어진다
불은 하늘로 올라가고
물은 아래로 흐른다

건곤감리 사괘에
자연의 이치가 있고
태극은 음양의 조화를 이루며
온 우주를 담고 있다

백의민족의 순수와 희망을 나타내는 흰 바탕
동양화의 여백처럼 너그러움이 있고

우리의 머리 백두산에는
이름도 장엄한 천지가 있다

평화통일 이루는 날
세계의 중심이 되어
화해와 화합의 상징으로
휘날리리라

세상의 중심은 누구인가

식물도 귀가 있고 눈이 있다
사랑의 언어를 들려주면
윤기가 나고 싱싱해진다
도토리는 흉년이면 많은 열매를 맺고
풍년이면 적은 열매를 맺는다

물도 칭찬받으면 육각수가 된다
지진이나 해일이 일어나면
미물들은 미리 알고 움직인다

동물들은 배가 부르면 눈앞의 먹잇감도
해치지 않는다
다람쥐도 한 해의 양식 외에는
저장하지 않는다

배불러도 더 먹고
넘쳐도 채우려는 건 인간뿐이다

인간은 만물의 영장이라고 한다
동물이나 식물은 어떤 눈으로 바라볼까

모난 과일 없고 날 선 채소 없다
자연 세계의 만물은 공존의 관계이지
지배자와 피지배자가 아니다

더불어 사는 세상

귀하고 천한 목숨 따로 없고
높고 낮은 사람 따로 없다

피부색과 나라는 본인이 선택해서
태어난 것이 아니다

지배계급의 우월주의에
사로잡힌 사람들은
인종차별에 앞장서며 그들만의
리그를 형성하며
실력을 행사한다

부자나 권력자 집안에 태어난 것은
자신들의 노력과 관계없이

가정환경과 여건이 좋아
성공과 출세의 길로 빨리 이른 것이니
출발이 남보다 앞섰다고
크게 자랑할 일은 아니다

금수저 물고 태어난 것을
특권으로 여기지 말고
겸손하고 감사함으로
더불어 사는 세상이기를.

광복 80주년을 맞아

올해 광복 80주년
이날을 벅찬 감격으로 맞을 분들은 얼마나 될까

나라는 우리의 아들딸들을 지켜줄 힘이 없었다
느닷없이 끌려가 정조를 유린당하고
한 많은 삶을 살아야 했던 딸들
강제 징용에 동원되어 타국에서 혹사당하다
비참하게 죽어간 아들들

농수산물과 밥그릇 놋수저까지 수탈하고
우리말과 글을 금하며
내선융화라는 명분아래 민족의 얼을 말살하려 했다

나라 잃은 설움 겪은 부모 세대는 치를 떠신다
그러나 과거에만 갇히면 안 되고 미래로 나아가야 한다

대신 잊어서도 안 된다
그런 참상을 다시 겪지 않으려면
역사에서 교훈을 얻어야 한다

이제 경제대국 IT강국으로 방산 원전 반도체 조선에서

최신 기술을
인정받는 선진국이 되었지만
우리 사회는 좌우대립과 이념갈등으로 분열되었다

자주국방 자주독립은 구호로 되는 게 아니다
화합과 통합으로 국론을 모으고 국력을 길러
평화통일 이루는 날
진정한 광복을 맞게 되리라

말과 글의 자리

맞는 것은 맞다고
틀린 것은 틀리다고
옳은 것은 옳다고
아닌 것은 아니라고 못하니
난 어디로 갈까

말과 글이 길을 잃었다
진실과 사실은 눈치를 보며 허둥대다
자기 합리화로 타협한다
말과 글이 제자리를 잃으니
거짓이 팩트를 조롱한다

능란한 혀의 술수
화려한 필치는 우매한 자를 삼키고
본질을 왜곡한다

말과 글이 제자리를 찾아
역할을 바로 할 때
위대한 힘을 발휘할 것이다

제3부

더 나은 세상을 위하여

폐지 줍는 노인

어둠이 걷히지 않은 새벽
희미한 물체가 움직인다
쓰레기 봉지를 뒤적이는 할머니
늙고 굼뜬 몸이지만 손만은 재빠르게
쓸만한 것들을 골라낸다

산더미만 한 박스를 싣고
비칠비칠 리어카를 끌고 가는 할아버지
한 걸음 한 걸음이 불안하다

노후의 안락은 아니더라도
누추하지는 않기를 바랐을 텐데
구부정한 등을 짓누르는 삶의 무게가
얼마나 힘겨운지 가늠할 수도 없다.

아침 일찍 모이를 줍는 새는 날개가 있지만
새벽 칼바람에 폐지 줍는 노인에겐 날개가 없다

곧 동트고 날이 밝아올 텐데
저 노인들의 남은 생에도
한 줌 햇살만 한 빛이라도
비치는 날이 오기를
마음속으로 빌어본다

복지관 할머니

급식소 문은 12시에 열리는데
30분 전부터 몰려드는 노인들

한 끼 식사를 위한 기다림은
즐거움인가 서글픔인가

엄청난 양을 드시는 한 할머니
무료 급식 한 끼가 하루의 유일한 식사라는
사연에 마음이 울컥

인사를 드려도 무표정 무반응 몇 개월
드디어 보여주신 희미한 미소

어느 날부터 눈에 안 띄더니
낙상하셨다기에
근심 가득한데
요양보호사가 들린다는 반가운 소식

부디 회복되셔서 다시 복지관으로 나오시기를
허기뿐 아니라 빈 가슴 외로움도 채우시기를
두 손 모아 빌어본다.

따돌림

한 나무에 달린 열매도 모양과 크기가 제각각인데
가정환경이 다르고
외모와 성격이 다른 게 잘못은 아니잖니

키가 작거나 힘이 약해도 다른 거지 틀린 건 아니야
날 있는 그대로 봐줘

손가락 다섯 개 길이가 다르다고
따돌림당하는 손가락은 없어
우리는 기계에서 찍혀 나온 물건이 아니야

내가 가장 두려운 건 너희들과 어울리지 못하는 거야
너희들이 따돌리면 슬프고 비참해
난 친구들과 놀고 싶은 평범한 아이일 뿐이야

나의 세계는 너희들 속에 있어
함께 하며 같이 가자는 간절한
외침을 들어줘 친구들아

미혼모

사랑만이 최고의 가치라고
믿던 스무 살 혜정이
남자 친구의 뜨거운 입김에
의심 없이 순정을 바쳤네

믿음의 대가는
아무 대비 없이 잉태된 생명
아빠가 되기엔 너무 두려웠던 남자 친구는
그대로 줄행랑

감춰도 부풀어 오르는 배 들키자
집안 망신이라고 쫓겨났지만
모성을 포기할 수 없던 혜정이는
쉼터에 머물다 어린 엄마가 됐네

미혼모라는 이름에 꽂히는 차가운 시선
사랑이라고 믿었어요
계획 없이 엄마가 됐지만
인생이 계획대로 되는 건 아니잖아요

막막한 가슴에서 떨어지는 눈물이
아기의 영혼에 스며들까 얼른 닦는데
아기의 근심 없는 맑은 눈이 속삭인다

엄마는 나를 살렸고
나는 엄마를 살릴 거예요

손익결산

한 해를 돌아보니

속상한 일도 있었지만
고마운 일이 더 많았습니다

하나를 주었는데 둘로 돌아왔고
양보했더니 인사와 웃음이 답례로
왔습니다

나를 힘들게 한 사람도 있었지만
사랑해 준 사람이 더 많았고
위로의 말 다정한 말
준 것보다 받은 게 더 많아
마음 주머니가 두둑합니다

수십 년 사용한 내 몸도 새것만은 못해도
아직 쓸만하니 감사합니다

손익계산 해보니
수지맞는 한 해였습니다

현충원에서

누군들 자기 목숨 아깝지 않으랴
가족들과 삶을
즐기고 싶지 않으랴

그러나 목숨보다 가족보다
더 뜨거운 건 나라 사랑이었다

그 숭고한 뜻 고귀한 희생에
경의를 표하며
감사와 존경을 담아
헌화를 한다

그대들이 지킨 조국
우리가 지키며
거룩한 희생 후대에
길이 전하겠노라고

생명을 받아 나고 자란 이 나라
조국을 수호하는데
이념과 갈등이 웬 말이냐

화합의 손을 잡고
앞으로 나아가자

소녀 가장의 하루

눈뜨면 먼저 밥을 안치고
동생을 깨운 뒤
이불을 개고 아침을 차린다
아픈 할머니께 인사하고
동생과 학교로 간다

하교 후 친구들과 놀고 싶은 마음
접어두고 귀가한다
빨래와 청소 저녁 준비까지
동생과 놀아줄 틈이 없다

집안일 다 마치고 숙제하려고
앉았지만
손가락에서 빠져나온 연필이
앉은뱅이책상 아래로 구른다

무거운 눈꺼풀을 못 이긴 고개가
힘없이 떨어지는 데

짜증 안 내기
할머니 안마해 드리기

표어 같은 다짐이 적힌 글씨가
벽에서 11살 영주를 굽어보고 있다

기특한 듯
애처로운 듯

더 나은 세상을 위하여

학교에서는 성적으로 줄 세우기
직장에서는 성과로 줄 세우기
사회에서는 외모로 줄 세우기

착한 아이보다
공부 잘하는 아이

예의 바른 아이보다
똑똑한 아이를 칭찬한다

자격증 졸업장 면허증이 신분이 되고
이름표가 된다

화려한 스펙과 뛰어난 재능은 뽐내지만
꾸준함과 성실함은 자랑이 아니다

천천히 가더라도 바른길로 가는 사람
내 힘으로 목적지까지 가는 사람

그런 삶 그런 사람을 인정하고
자랑하기를.

아가의 눈물

세상 빛을 보자마자 덮친 끔찍한 재앙
먼 우주에서 열 달을 날아왔건만

어린 영혼의 눈물이 하늘을 울리고
땅을 적시는구나

어린 목숨을 꺾어버린 악마가
너를 잉태한 엄마라니
이게 정녕 현실일까 악몽일까

탄생의 축복도 받아보지 못하고
스러진 가여운 생명

다음 생엔 한을 풀고
어진 부모를 만나
천수를 누려다오
(영아유기 사건을 접하고)

말의 상처

말로 찌르는 칼에 베였다
아주 깊이
안으로 스며든 피는 전신을 타고 흐른다
밤낮없이 통증이 괴롭힌다
내 본심을 왜곡하고 비난했다
진심이 통하지 않는 게 슬프다

불같이 화를 내서 시원했을까
나를 찌르는 칼에 그도 베이지 않았을까

무엇이 치료가 될까
두 손을 모은다
나도 남에게 상처를 주지 않았을까
의도하지 않았더라도
나로 인해 다친 이가 있다면
용서를 구하고 싶다

원망과 미움은 털어버리자
오해가 이해로 바뀔 때까지 기다리자
인내와 용서도 용기라고 했다
언젠가는 화해의 손을 잡을 날 있으리라

어느 청년의 마지막 메시지

미안해요 엄마
이만 원만 빌려주세요
지갑에는 단돈 이천 원
청년의 마지막 메시지는
세상을 향한 처절한 절규가 아니었을까

거친 세상에서 칼바람 맞으며 버티던
청년의 꿈을 누가 짓밟았는가
전세 사기는 삶의 의지와 미래까지
약탈해 갔다

비정한 세상을 원망했을까
무능한 자신을 비관했을까
스물 몇 해 살았을 뿐인데
삶에 치이며 현실에 속은
청년이 기댈 곳은 없었다

너의 눈물과 절망이 고인 자리에
비탄과 애통을 담아
국화 한 송이를 놓는다
또 다른 희생이 없기를 바라며.

* 인천 미추홀구에서 짧은 생을 마감한 청년의 기사를 읽고.

해피

소식이 뜸하던 아들의 연락
여행을 가니 해피를 봐달란다

지시인지 당부인지
유의사항을 꼼꼼히 알려주고
산책시간까지 일러준 후 떠났다

노모가 열어본 냉장고는 썰렁한데
애견식품은 유기농 통조림에 간식까지 다양하다

해피는 푹신한 침구에 완구까지 갖춘 공간에서
말 그대로 해피한데
노모는 불편하다

해피의 안부부터 묻는
돌아온 아들 내외
혈연을 나눈 가족보다 더 친근한 반려견

돌아서는 노모의 가슴에 서글픔이 드리운다.

자랑하는 맛

금장 롤렉스 차고 나와
자꾸 옷소매를 걷어붙인다

명품 세일 새벽부터 줄 서
구매 성공에 희희낙락

신상품 나오기가 무섭게
득템으로 의기양양

스벅 앞에 줄 선 무리는
커피 아닌 굿즈가 목표

집이 열두 채라더니
고시원 방이 열두 개

본인 얘기는 없고 자식 자랑
손주 자랑뿐

명품백 하나 없어도 부끄럽지 않고
브랜드 옷 한 벌 없어도 불편하지 않은데

국제결혼의 그늘

마흔다섯 살
총각 귀신 면하려
찾은 국제결혼 상담소
사들이듯 맞은 스물두 살 연하 아내

고국과 가족을 떠난 타국살이
낯설고 물설고 말도 설은데
시모와 남편은
목돈 지불하고 구입한 상품 취급

무보수 노동력에 자식 생산의 도구
기댈 곳은 남편뿐
그러나 며느리를 업신여기는 시모
학대받는 아내를 방관하는 남편

엄마가 되어도 그녀의 신분은 바뀌지 않고
소통에 서투른 그녀는 가정에서도 이방인

세 아이가 족쇄가 되어 돌아갈 수도
탈출할 수도 없는
삭풍에 떠는 마른 가지 같은 그녀에게
봄날은 언제 올까

안내양의 추억

학생 시절 주요 교통수단인 버스
등하교 시간엔
닫히지 않는 문을 양팔로 잡고
승객들을 호위하듯 온몸으로 막아낸다

만원인 승객들을 꾸역꾸역 밀어 넣으며
오라잇을 외치면 가냘픈 소녀는 철인이 된다

고된 노동에 박봉이지만
고향의 가족들을 생각하면
피로가 보람으로 바뀐다

퉁퉁 부은 다리는 운행 종료 후
수십 명이 한방에서 생활하는 숙소에서 쉼을 얻는데
각자의 트렁크가 놓인 자리가 자신의 공간이다

차비 없는 학생에게는 두고 온 동생 생각에
거저 태워주기도 했다

가정의 생계를 떠맡던 그녀들은 이제
평안한 노후를 보내고 있을까

내일을 말할 수 없는 사람들

안락하던 가정을 빼앗기고
천막을 옮겨 다닌 지 일 년 반
동요보다 폭격 소리에 익숙한 아이들
건물이 파괴된 학교엔
아이들의 그림자도 보이지 않는다

탈출구도 봉쇄되어
식량 식수 생필품 모든 것이 부족하다
사료인 옥수숫가루 한 끼로 버티는 하루

아기들은 젖을 물며 힘없이 우는데
굶주린 엄마에게서 젖이 나올 리 없다

가족들은 매일 밤 작별 인사를 한다
내일 뜨는 해를 볼 수 없을지 모르므로

하루하루를 사는 게 아니라 견디어낸다
죽을 차례를 기다리는 삶 같다고 말한다
지구 저편에서 매일 겪는 참상이다

그들이 내일을 말할 수 있는 날은
언제나 올까

* 가자지구에서 2024년 9월까지 연간 사망자 4만 2천 명 중 어린이가
  9천 명이다.

명품 이야기

가방 옷 구두 시계
명품으로 갖춘 차림새
시선을 끌지만 잠시뿐

내가 좋아하는 명품은
사람들이 알아보지 못한다
겉으로 드러나지 않기 때문이다

로고도 브랜드도 없고
짝퉁도 없다

말 한마디에도 진심을 담고
지식보다 지혜가 많으며
생명을 존중하는 마음

주머니가 가벼워도
생각은 가볍지 않으며
외모보다 내면을 채우면서
남을 헤아리는 따듯함

배려와 사려 깊은
명품 인격이 좋다
그런 사람이 되고 싶다

제4부

평생 단짝

어린이집 가는 길

제 등짝보다 큰 가방을 업고
타박타박 걷는다.

손안에 잡힌 작은 손의 온기가
전해주는 행복

명랑한 재잘거림
별이 가득 담긴 맑은 눈
온몸으로 스며드는 생명의 신비

보아도 보아도 싫증 나지 않고
들어도 들어도 귀가 즐겁다

서툰 발음 알아듣지 못해도
마음으로 소통하는 아이와 나

몸짓 말짓 눈짓 흥부의 박처럼
켤수록 쏟아져 나오는 행복

그대에게

사시사철 소나무 같은 당신
나보다 더 나를 아는 당신

아픈 아내 가슴에 얼굴 묻고
무릎 꿇은 침묵은
백 마디 말보다 더 간절한 기도

이제 북한산 바윗길
아내 업고 내달리진 못해도
소요산 계곡물에 밥 짓진 못해도

식탁에 앉혀놓고
아침마다 손수 내려
아내 앞에 담아내는 건
커피보다 진한 헌시

시할머니 시어머니 눈치에
애정 표현도 조심스러워
무심한 듯 보낸 신혼

지방 근무로 떨어져 지낸 십 년
대여섯 시간 장거리도 지루한 줄 모르고
만나러 가는 길

폭설로 꽉 막힌 미시령 고갯길
몸은 차 안에 갇혀도
마음은 시공을 넘어
먼저 당신께로 갔지요

너무도 편안해서
너무 익숙해서
예의를 잊을 때도 있지만
유치한 말다툼에 등을 져도
먼저 다가오기 기다리는 사이

하늘이 주신 인연 감사하며
손잡고 함께 갑니다.

작은 공연

발음은 부정확해도
자신 있게 부르는 우렁찬 소리
어느 성악가의 노래보다 귀가 즐겁다

장난감 기타를 둘러메고
작은 손으로 튕기면서 종횡무진
무대를 누빈다.
머리를 바닥에 박고 몸을 원으로 돌리며
비보이 연기도 열정적으로 펼치는
다섯 살 손자

무대는 작은 거실
관객은 할미와 엄마 단둘이지만
만석 공연장 못지않게
환호와 뜨거운 호응이 있다

공연 내내 시선을 떼지 못하게 하는
훌륭한 이 공연의 티켓값은
박수갈채와 함박웃음

그리움으로 남은 것

동네방네 함 사려~ 외치는 소리에
영자가 시집가네
집집마다 고개 내민 호기심

동무들과 뛰놀다 저녁연기 피어오르면
밥 먹어라 부르는 엄마 음성에
일시에 텅 비인 골목

함지 이고 간 엄마 따라 방앗간에서
기다리던 무럭무럭 김 오르는 가래떡

무명실로 다리 묶어 끌고 다니던 땅강아지

두 동강 내어놓고 쪼그려 앉아
꿈틀거리는 지렁이 구경에 여념 없던 꼬마들

김밥과 사과 한 알 사이다 한 병
원숭이 구경도 즐거운 창경원 소풍

동지섣달 찬 바람에 실려 오는
찹쌀떡 메밀묵 정겹고도 청승맞던
소년 목소리

단짝 친구

등하교를 같이하며
매일 봐도 그립던 얼굴
안녕 손 흔들자마자
내일을 기다림은
우정이었나 사랑이었나

삼각지 용산을 거쳐
한강 다리 건너도
대화는 끝이 없고
헤어지는 발길은 아쉬워

가벼운 키스 신 영화에도
얼굴 붉어지던 사춘기
학생 입장 불가
몰래 보던 영화 짜릿했지
말 한마디에 토라진 마음 풀어주던
가방 속 편지 한 장

수십 년 세월만큼 우정은 깊어가고
이제 만남은 뜸해도
깔깔대던 웃음은 여전해

풋풋하던 네 모습
세월 속에 묻혔지만
십 대의 그 마음과 추억을 싣고
기차는 네게로 달리네

커피 내리는 남자

하루 일과 제일 먼저 커피를 내리는 남자

원두를 드르륵 갈아 필터를 깐 머신에
분쇄한 가루를 넣고
새로 받은 정수물을 붓는다
조심스럽고 정성 어린 모습이
마치 의식을 치르는 듯하다

그윽한 향이 퍼지면 내음부터 음미하며
마약 같은 찻물이 포트에 떨어지기를
기다리는 시간은 가장 평안한 시간

그는 충실한 하인처럼 끓는 물에 가셔낸 찻잔에
커피를 따라 아내 앞에 놓는다

자신도 한 잔의 커피를 들고
비로소 마주 앉아
커피 맛이 어때? 묻는 듯한 그에게
그저 잔잔한 미소를 띄울 뿐

화수분

열 달 품어 낳아주고 무수한 보살핌 끝
짝지어 보냈더니

사업 자금 대줘요
교육비가 부족해요
빚 갚아주세요

번갈아 찾아옴은 효도 방문 아니더라
시달림 끝 몽땅 털어 내어주니

자식들 얼굴엔 웃음꽃 만발
아버지 가슴엔 한숨만 가득

자식들 발길 끊긴 어느 날
눈 떠보니 요양원 침상이라
회한과 고독만이 같이 누웠네

이제는 시달릴 일 없으니
차라리 다행일까

연민

공사하느라 밀어놓은 가구를 옮기다
발을 다친 남편이 우두커니 서 있다
내가 거들 테니 옮기자고 하자
괜찮겠느냐 걱정스레 묻는다

남편이 나이가 들었다는 걸 실감한다
결혼 초부터 경대까지 닦아주며
청소를 도맡아 했고
무거운 것 한 번도 들게 하지 않았다

짐을 옮길 때는
아내보다 힘세 보였는지
어머니나 딸을 불렀다

나만 나이 먹고 약해진 줄 알았는데
다리 다쳐 절룩이는 걸 보니
당신도 늙었구나

아름다운 친구

홀어머니를 모시고 독신으로 산 친구

엄마가 얌전한 치매라서 감사하다는 그녀
대소변 못 가리는 노모 돌봄이 힘들지 않느냐는 물음에
어릴 때 기저귀 갈아주신 거
갚는 거라고 곱게 웃었다

그 후 낙상으로 거동 못 하게 된 친정 모친
자다 깨어 몇 번씩 기저귀 갈아드릴 때
난 그녀의 말을 떠올리며
눈꺼풀을 가볍게 밀어 올렸다

부모를 현금지급기로 알거나
짐짝 취급하는 자식도 있는 요즈음
그녀가 더욱 그리워진다

* 고 최광순 님에게

아름다운 친구 2

삼십 대에 사별해
남매를 홀로 키웠다
숱한 시간 남모를 아픔도 눈물도
많았으리라

그러나 묵묵히 심연에 가라앉히며
흔들림 없이 살았다

억울한 일 당해도
큰소리 한번 안 내고
거친 말 한마디 할 줄 모르니
속이 없는 건지 천사인지 모르겠다

변호사가 된 아들
공기업 다니는 딸에게
공치사 한 번 없는 그녀는 퇴직 후
다시 현역으로 일한다

며느리가 선물한 명품백을 거절한 이유가
들고 다니기 편한 게 좋아서라는
그녀 닮은 웃음이 푸근하다

싱그러운 수박 향을 풍기는 그녀는
배려와 아량으로 나를 부끄럽게 하는
아름다운 친구이다

네잎클로버

맏이는 첫아이답게
탄생의 환희는 물론
대학 입학과 졸업
결혼과 첫 손자까지
첫 경험의 기쁨과 감격을
내게 주었다

인정 많아 무엇이든 나누기 좋아하는
둘째는 십 대에 유학길에 올라
외로움과 고달픈 타국살이를 견디고
교사와 승무원의 목표를 이루며
날개를 폈다

자립심이 강한 셋째는
사별과 암 투병의 큰 역경을
강한 의지로 극복하고
국적과 인종을 초월한
헌신과 봉사
환경보호로
보다 나은 세상을 위한
걸음을 걷고 있다

한국무용을 전공한 넷째는
국내외 무대를 누비며
아름답고 기품 있는 공연으로
전통무용의 진수를 선보였고
남쪽에 터를 잡아
가족들에게 휴양지를 제공하고 있다

인격과 성품이 바른
반려자들을 만나 가정을 이룬 딸 넷이 모이면
네잎클로버가 된다.

첫사랑 손자

날 저물면 어미 기다리느라
문 앞에서 맴돌던 너

출장 간 어미 오지 않자 어린 가슴 얼마나 애태웠으면
며칠 만에 온 어미 외면하며 서운함 나타냈을까
그러나 곧 펄쩍펄쩍 뛰며 반가움 주체 못 했지

이제 목소리도 굵어지고 올려다봐야 할 만큼 컸지만
내겐 아직도 아장아장 걷던 모습 선하구나

손자 사랑으로 덮던 갖가지 말썽과 장난 들추니
멋쩍어하는데
할미는 미소가 절로 난다
대견하고 흐뭇하여.

개나리 동산

노란 부리를 한껏 벌리고
갓 태어난 병아리들이
떼창을 한다

여기서 삐약 저기서 삐약
작은 별 하나씩 머리에 달고
출생신고를 한다

바람도 노랗고 공기도 노란
개나리 동산에서
노오란 숨을 들이쉬고 내쉬는 봄날

내 눈동자에도 들어와 박히는 아기별

연륜이 깊은 부부

오래 산 부부는
몸에 맞는 옷 같다
주름지면 다림질에
뜯어지면 꿰매면 된다

오래 산 부부는 신발 같다
내 것이 아니면 불편하고
발이 아프다
평소엔 소중한 줄 모르나
없으면 나갈 수가 없다
신으면 신을수록 발이 편하다

오래 산 부부는 젓가락 같다
짝이 맞아야 보기도 좋고
제짝이 아니면
음식을 집을 수가 없다

오래 산 부부는
흉보면서 닮아가고
남인 듯 남이 아니다

동네 우물

어릴 적 동네의 공동 우물
아득하게 내려다보이는
나의 얼굴에 전설이 일렁인다

양손으로 번갈아 줄을 잡아당기면
맑은 물 따라 끌려 나오는 웃음
쏴아 양동이에 붓는 소리가 경쾌하다

두레박을 끌어 올리다 줄을 놓치면
주전자나 깡통에 끈을 매어 긷는다

빠진 물건을 건지는 건 재미있는 구경거리
우물 주위로 이야기가 모인다

쇠갈고리에 걸려 올 때마다
저건 우리 주전자!
저건 우리 집 냄비!
환호성 속 찌그러진 양은그릇도 보물이 된다

이제 시골에 가도 우물은 볼 수 없고
옛 추억 속에 아련하게 보일 뿐

사람의 가치

어린 자식 뉘게는 귀하지 않을까
한 해밖에 못 입힐까 봐
두어 살 위 치수로 사서
헐렁한 큰 옷 입히고
신문지로 접은 비행기 날리고
종이배 세숫대야에 띄우고 놀아도
아이는 웃음이 끊이지 않았다

유모차가 경차 한 대 값
아기 코트 한 벌이 백만 원
목욕가운이 수십만 원

아기가 얼마나 좋아할까
고가의 명품 옷 걸치고
최고급 제품만 안겨주니
그만큼 효도하겠지

소박한 것이 무능과 동의어 되고
알맹이는 작은데 포장만 커진다

명품으로 키우는 것보다
동화 한 편 들려주고
눈 맞춤으로 사랑을 전하며

사람의 가치가 무엇으로
매겨지는지
가르치면 좋겠다

평생 단짝

매달 꼬박꼬박 돈을 주는 사람

가끔 눈치가 없어 속 터지게 하는 사람
한 끼 굶으면 큰일 나는 줄 아는 사람

아프면 어린애가 되는 사람
화를 내고 나가도 오래지 않아
슬그머니 들어오는 사람

자식들 떠난 자리 채워주는 사람
살아온 연륜만큼 신뢰가 쌓인 사람

제5부

당신의 수호신

응급실 가는 길

찾아가지 않아도 찾아오는
삶의 종착역
초대하지 않아도
무례한 방문객처럼
침입한 질병의 고통

낙엽처럼 마른 육신에
반갑지 않은 친구처럼
따라오는데

가장 아프고 절박한 순간
본능처럼 떠오르는 이름
엄마! 우리 엄마!

구십의 세월을 살아왔지만
마음은 아직도 무릎에서
놀던 어린아이

그 몸을 열고 나왔을 때처럼
다시 돌아가고 싶은 고향
종착역에서 애타게 찾는 이름
마지막 부르는
그 이름 엄마

* 구급차 안에서 어머니는 당신의 엄마를 찾으셨다.

어머니의 가슴

중풍 든 시아버지
호랑이 시어머니
전실 자식 셋
사연은 얼마나 많았을까

한숨조차 토해내지 못해
시집살이 설움 삼키고 또 삼키며
지그시 눌러 담는 가슴

연년생 젖먹이 재워놓고
지아비 없는 밤을 지새우며
동그란 전구에 씌운 구멍 난 양말 기울 때

깊은 바다도 있고
넓은 하늘도 있는
어머니의 가슴

켜켜이 쌓인 한도
활화산 같은 화도
풀어내지 못해
지르는 소리 없는 비명

누가 들어줄까
누가 알아줄까

엄마 닮았네

새 옷 한번 못 사 입고
빛바랜 헌 옷만 걸치시고

매일 요리하시면서도
맛있는 반찬은 식구들 몫
당신 입에 들어가는 건 남는 음식뿐

새것 좋은 것 귀한 것은
시부모 먼저 남편 먼저 자식 먼저
당신에게 돌아가는 건 싫증 나서 버려진 것
먹기 싫어 안 먹는 음식

어머니의 삶이 안타까워
난 그러지 말자 했는데
어느새 내 모습 어머니 닮았네

남편 자식 손자에게 양보해도
서운치 않으니
어쩔 수 없는 엄마 딸인가 봐.

생이별

이렇게 가까이 있으면서
만날 수 없다니
눈으로 보면서도
만질 수 없다니

곧 풀리겠지 했으나
해가 바뀌어도 면회 금지 이어지자
오히려 나를 위로하시던
어머니의 음성도 점차 맥이 풀렸다

비대면 면회라는 희한한 이름으로
허락된 상봉은 또 다른 고통과 안타까움
건물 밖과 안에서 서로 바라만 보다
무거운 손 흔들며 돌아설 때
어머니의 눈자위 붉어졌고
억지웃음 내 가슴은 비통했네

응급실에 실려 가신 어머니 소식에
반가움까지 느낀 황당함은
그리던 어머니 뵐 수 있다는 기쁨 때문.

병상 곁에서 지새운 마지막 이틀간
어머니 손잡고 눈 맞추니 피곤도 먼 애기

코로나 3년간 직접 뵌 건 고작 세 번
속수무책 맥 못 추는 현대의학을 탓하랴
오염된 이 시대의 재앙을 원망하랴
내 가슴엔 오늘도 비가 내린다.

부러운 것

어버이날이나 생신이 다가오면
무엇을 해 드릴까 즐거운 고민에 머릿속이 바쁘고
뵐 날이 가까울수록 짐 가방 늘어나니 미소도 늘어났다

자식들이 앞다퉈
축하와 선물을 안겨준 어버이날
자식들에게 받을 때보다
부모님께 드릴 때가 더 행복했다

작은 선물에도 함박웃음 지으시던 부모님
사무치게 그리워지는 어버이날

내가 부러운 건 부자도 아니고 성공도 아니다
찾아뵐 부모님이 계신 사람이 가장 부럽다

하늘이 기회를 주신다면
다음 생에도 다시 만나
못다 한 감사와 사랑을 마음껏 전하고 싶다

어린 날의 추억

리듬감 있게 두드리던
어머니의 방망이 소리

맷돌을 돌리면 뽀얀 우유처럼
흘러내리던 콩 국물

콩주머니 만들어
친구들과 던지던 오자미 놀이

뻥이요 소리에 두 귀 막고
구수한 연기에 손을 떼면
마술처럼 늘어난 뻥튀기만큼
푸짐해진 웃음

봄이 되면 새로 깐 기름먹인
종이 장판의 산뜻한 내음

묵은 창호지 물 뿌려 걷어내고
새로 바른 창호지 속의 말린 꽃잎

추억 속에 아련히 떠오른다

친정에 가는 날

무엇을 갖다드릴까
무슨 음식을 해 드릴까
행복한 고민에 빠져 보낸 일주일

뵐 날이 다가올수록
보따리 늘어나지만
마음은 가볍다

몇 번씩 차를 갈아타며
양손 가득 계단을 오르내려도
아프던 다리는 날개 단 듯

엄마~부르며 들어서니
부모님 얼굴 활짝 핀 해바라기

준비한 음식 맛있게 드시는 밥상에
기쁨과 감사도 차려져 있다
웃음꽃 만발한 정담 나누고
비워진 가방 속에
아쉬움과 애틋함을 안고 돌아설 때
일주일 후를 기약하며 서운함 달랬지만

기약도 할 수 없는 지금
문고리 잡고 멀어지던 딸을
바라보시던 어머니 모습
그리움 속에 계신다

잊지 못할 생일상

가족들 생일
시 조부모 제사까지
빠짐없이 치르는데

내 생일은
기업체에서 보내온
축하 카드만이 기억하고 있었다

스스로도 잊고 지낸 생일
어느 해 부모님을 찾아뵌 날
어느 때보다 환한 낯으로
맞아주신 어머니

안방에 차려진 상
밥상보를 걷으니 푸짐한 한 상이다
미역국과 불고기 나물 잡채 부침개

수저를 쥐여주시는 어머니 얼굴에
기쁨이 한가득

딸이 온다는 날이 마침 생일이라
음식 장만에 분주하셨을 어머니

처음 받아보는 나를 위한 생일상

사랑과 정성으로 차려진 그 밥상은
떠올릴 때마다 나를 따듯하게 해준다

후회

내일로 미루지 마라
참 뼈아픈 말이다

어머니께 사랑한다고
아버지께 감사하다고
말씀드렸더라면

이야기하자는 너에게
바쁘니 다음에 하자고
미루지 않았더라면

귀가 어두우신 아버지 전화를
공손하게 받았더라면

돌아올 때마다 언제 또 올래?
똑같이 묻는 어머니께
상냥하게 대답했더라면

내가 덜 쓰더라도
용돈을 더 드렸더라면

상대의 입장을 헤아리고
말했더라면

이미 내 곁에 안 계시지만
후회만 하는 것은 더 어리석다

지금이라도 사랑을 표현하고
나눠줄 곳 둘러봐야지

떠나가신 어머니

고해의 족쇄 풀고
속세의 인연 끊고
한평생 감당했던
무거운 짐 다 놓고

어머니
지금은 어디 계시나요

나그네 여정 마치고
떠나온 고향으로 돌아가신 어머니

천사들 영접 받으셨나요
도솔천 하늘을 거닐고 계시나요
평화로운 낙원에서 쉬고 계시나요

전하지 못한 마지막 인사
낳아주셔서 고맙습니다
키워주셔서 감사합니다
사랑합니다 어머니

이승의 인연 다했지만
이제 보고 듣고 만질 수 없어도
가슴 깊이 모신 어머니는
떠나보내지 못합니다
눈에 선한 당신 자취에
시야가 흐려집니다.

당신의 수호신

당신은 평화롭게 가세요
들국화 핀 오솔길에
파란 벨벳 융단을 깔고
백합을 품에 안은 채

안개꽃처럼 잔별이
내려앉는 마을로.

저는 수풀에 숨어든
그림자처럼 가지요

벽난로 지펴진 그 집에
당신이 도착할 때까지

전쟁은 제가 혼자 치르리니
그림자처럼
달무리처럼 조용히.

격전이 끝나고
쓸모 없어진 칼을
지팡이 삼을 때까지.

모깃불 피어오르는
평상의 무릎베개가
당신을 기다릴 거예요

당신은 모를 거예요
제가 당신을 뒤따르고 있다는 것을

저를 잊어주세요
사랑을 고민하지 마세요
사랑의 무게도 저 혼자 지리니

당신은 평화롭게 가세요

떠나기 전에

누구에게나 다가오지만 잊고 사는 것
우리와 함께 있지만 외면하는 것

결혼 준비 노후 준비는 착실히 하면서
마지막 준비는 하고 있을까

주인 잃은 소중한 물건들은
잡동사니가 되어버렸다
사는 데 필요한 물건이 이렇게 많았던가
장롱과 집안 곳곳에서 나온 물건이 한가득

서랍 안에 포장도 안 뜯은 새 내복
낡은 가방에서 나온 현금다발에
눈시울이 뜨겁다

며칠 동안 정리하다
차고 계시던 시계와 묵주만 골라냈다

노크도 없이 찾아올 그날을
맞기 위한 준비도 차근차근해야겠다

국화빵

오일장을 구경하다 발길이 멈춘 곳
국화빵이 틀에서 몸을 뒤집고 있었다

말랑하고 따끈한 국화빵에
떠오르는 아버지 얼굴

밤늦게 귀가하시는 아버지 손에 들린 국화빵
봉지 안에서 얼싸안고 포개져 모양은 잃었지만
맛은 여전했다

봉지에 손을 넣으면 아버지의 체온 실린
따스함이 온몸에 끼치는데

한입 베어 물면
입안에 감도는 구수하고 달큼한 맛
눈 비비며 기다린 보람이 있었다

요즘 붕어빵에 밀려 보기 드문 국화빵
아쉬움 속에 아버지를 회상한다

손

가장 많이 사용하면서
아끼지도 고마워하지도 않았다
우연히 마주친 것처럼
문득 눈에 띄었다.

누군가를 쓰다듬어주면서도
정작 내 손은 한 번도 쓰다듬 받지 못했다.
내 것인데 내 것이 아닌 것처럼 무심했다.

그동안 거쳐 간 무수한 사연들
이 손에서 태어나기도
버려지기도 했다.
가만히 들여다본다.
좋은 일 궂은일도 했지만
못된 짓도 하지 않았을까

거칠고 주름지더라도
토닥여 주는 손
남에게 온기를 주는 손
남을 돕는 손이 되어
앞으로 네 수명 얼마나 남았을지 모르지만
주인을 부끄럽지 않게 하기를

선물

시는 나에게 주는 선물이다
오늘은 어떤 원석 같은 단어를 찾아
다듬을까
기대와 호기심으로 펜을 든다

고통도 외로움도 번민도
시의 언어로 세탁하니
구김살이 펴지고
축축한 습기도
뽀송뽀송 마른다

내면 깊이 가라앉은 무의식을
글의 무대로 불러내
주연으로 등장시킨다
신화가 탄생한다

오늘도 시라는 선물 상자의 포장을
여는 나의 손이 설렌다

몸의 반항

그동안 달게 받던 음식도 거부하더니
기력을 앗아가 버렸다
내 몸인데 아닌 것 같다
마음대로 움직여주지 않는다

전신을 공격하는 통증에 포로가 되고
허리가 배겨 일어나려니
어지러워 곧바로 널브러진다

끼고 살던 폰도 던져두니
수백 개 쌓인 메시지 전혀 궁금하지 않다

비몽사몽 중 이마를 짚는 기척에 눈떠보니
근심 어린 남편의 얼굴이 코앞에 있다
남편을 남의 편이라고 누가 말했나
내 편인 그이 손길에 잠시 아픔을 잊는다

평범한 일상이 그리운 날이다

나

보이는 나
보이지 않는 나

대상으로 보이는 나
내가 알고 있는 나

어느 쪽이 실체에 가까울까
남을 의식한 체면과 위선을 다 걸러낸
맨바닥에서 나를 만나고 싶다

무의식 속의 참 나를 찾아
침묵 속에 마주하고 싶다
구도자처럼

시 창작

떠다니는 많은 생각과 언어를
물끄러미 쳐다보다
한 장을 잡는다

제각기 다른 조각들을
한 장 또 한 장
퍼즐을 맞추듯 이리저리 놓아본다

한 땀 한 땀 깁는 수고와
이음새까지 꼼꼼히 손질한 끝에
한 벌이 완성됐다

복제품도 없고
대량생산도 안 되는
나만의 유일한 창작품

미련과 아쉬움

어머니가 가신 지 석 달이 되었다.

그리움보다 더 큰 미련과 아쉬움이 가슴을 후벼 판다.

혼자 계시다 낙상하시고 오 년을 침상에서 보내셨다.

일 년간 이틀에 한 번씩 어머니께 들러 자고 오기를 반복했다.

어머니 집에서 자고 갈 때는 집에 홀로 있는 남편이 신경 쓰이고 집에 돌아와 남편과 있을 때면 역시 홀로 계실 어머니가 신경 쓰였다.

내가 모시면 제일 좋았겠지만 엘리베이터도 없는 우리 집에 거동을 못 하는 어머니를 모시기엔 무리였다. 병원 갈 일이 있거나 외출해야 할 일이 생길 때 4층 계단을 어머니를 업고 다닐 수는 없었기 때문이다.

하루도 마음 편할 날 없이 양쪽을 오가다 재활 치료를 받아보기로 했다.

그래서 입원한 것이 의도와는 다르게 다시 집으로 돌아오지 못하고 병상에서 지내다 가시는 결과를 낳고 말았다. 무엇보다도 내가 하루걸러 못 가는 날은 밤잠을 제대로 주무시지 못하고 무서워하셨나 보다. 요양보호사가 올 시간에 집에 다녀오려고 하면 늘 같은 말씀을 하시곤 했다.

"너 언제 올 거니?" 이틀에 한 번씩 어김없이 자고 가는 딸에게 어머니는 방문을 나설 때마다 매번 같은 말씀을 하셨다. 내일 올 걸 아시면서도 심지어 집에 와서 전화를 드려도 같은 말씀이었다.

그래서 몇 번은 어머니께 "엄마는 나보고 할 말이 그것밖에 없어요?"하고 볼멘소리를 하기도 했다.

요양사가 퇴근 후 불도 안 켠 어두운 방에서 얼마나 외롭고 두려운 밤을 보내셨을지 그땐 미처 몰랐다.

바람에 창문이 흔들리거나 밖에서 무슨 소리가 나면 꼭 도둑이라도 침입할 것 같아 무서워 잠을 못 이루셨다는 것이다.

재활병원에서 요양병원으로 옮기신 후로는 잠은 비교적 잘 주무셨던 것 같다.

매일 들리고 어떤 날은 하루에 두 번도 뵈러 가던 어머니를, 뜻하지 않은 전염병이 생이별하게 할 줄은 그리고 그 생이별이 그렇게 길어질 줄 어찌 짐작이나 했으랴.

아예 뵙지도 못하는 답답하던 상황이 길어지자 비대면 면회라는 대책을 내놓았으나 건물 안과 밖에서 서로 문을 사이에 두고 유리창으로 얼굴만 보는 비대면 면회는 마음을 더 아프게 했다. 말 한마디 제대로 못 하고 돌아서면서 눈물을 흘리는 안타까움은 이루 말로 할 수 없었다.

처음엔 오히려 "곧 만나게 해 주겠지."하며 자식을 위로해 주시던 어머니도 면회 금지가 기약도 없이 길어지자 눈시울을 붉히시며 기운을 잃어 가셨다.

그러기를 이 년여 만에 저혈당 쇼크로 응급실에 실려 오시게 된 어머니를 뵙게 되니 오히려 반가울 지경이었다. 응급실 의자에 앉아 어머니 곁에서 밤을 새우면서도 그저 직접 뵌 것이 반갑기만 했다.

그리고 간혹 응급실을 오시게 될 때마다 비로소 어머니를 대면하며 같이 밤을 보내는 상황이 여러 번 있었다. 그러나 돌아가시기 전 마지막 한 달은 종합병원 방침상 입원환자는 아예 면회가 안 되어 돌아가시기 전날 겨우 의식이 없으신 어머니를 뵈었던 것이 생전의 마지막 면회가 되었다.

살아계신 데 마음대로 뵙지도 대화도 못 나누고 보내드린 것이 너무 한스럽고 가슴이 아파 미련과 아쉬움으로 오늘도 눈시울을 적신다.

• 해설

시인의 사고(思考)와 심상(心象)

— 전혜자 시집 「동물원에는 실향민이 산다」 서평

윤제철 (시인, 문학평론가)

1. 들어가는 글

생각과 말을 생활 도구로 활용하고 있는 사람의 표현 욕구는 간직했던 많은 지식과 체험들이 결합되어 글로 표현되고 있다. 일찍부터 관심을 갖고 하나의 흥미로 삼아 기록으로 남기며 틈틈이 욕구 충족을 하면서 정서적 안정을 도모하기도 하지만, 일상에서 누구에게나 마음먹는 대로 실행할 시간적 여유를 갖는다는 것은 어려운 일이다.

많은 분들이 글을 쓰게 된 동기로 꼽는 것은 우연한 기회를 소중히 여기고 흥미를 갖게 되었다는 것이다. 글을 써왔던 누군가에 의해 글을 쓰는 방법을 터득하고 나도 쓸 수 있다는 자신감을 가지면 재미를 느끼게 된다. 마음에 그득하게 쌓인 쓰레기를 배출하듯이 홀가분하고 시원한 즐거움을 가지면서 누가 시키지 않아도 쓰게 되는 일과가 된 까닭이다.

전혜자 시인은 기회를 기다려 왔다. 누구보다도 세상을 보는 시야가 넓고 깊이 생각하는 분이다. 다양한 주제를 선택하여 일상의 곳곳을 살펴 가며 독자들에게 남다른 시의 세계를 제시하는 작품을 빚어내고 있다. 부지런한 활동을 통하여 써놓은 시편들을 묶어서 시집을 발간하신다고 원고를 보내오셨다. 여러 독자보다 먼저 읽을 수 있는 소중한 만남의 기회를 얻는다는 것보다 반가운 일은 없을 것이다. 첫 시집 발간을 축하하며 수록된 시 중에 몇 편을 서평을 통해 제시하며 시인의 시세계를 조명하고자 한다.

2. 시인의 사고(思考)와 심상(心象)

① 시인의 사고(思考)

「문명의 이기」에서 편리한 데만 관심을 기울이다 왜 우리는 스스로 존재의 가치를 추락시켜야 하는지, 「동물원에는 실향민이 산다」에서 산과 들을 떠나온 동물을 한참 바라보다 늘 마음으로 그리워하거나 정답게 느끼는 곳을 잃은 걸 언제 찾을지, 「말의 상처」에서 남의 말에 베인 상처를 참고 참다가 후회와 반성을 통해 우리를 더 아프게 한다. 「따돌림」에서 인격을 무시하고 존재감을 마구 짓밟은 따돌림의 위선도 준엄하게 꾸짖고 있다.

세탁기가 빨래하고// 청소기가 청소하고// 식기세척기가 설거지한다// 코드만 꽂고/ 버튼만 누르면 된다// 에어컨도 TV도 선풍기도/ 리모컨이 작동시킨다// 그런데 왜 시간이 없고 바쁘기는 더 바쁠까// 생활은 편리해졌는데/ 머릿속은 왜 더 복잡할까// 전화조차 번거로워 톡으로 날리는 안부// 축하도 감사도 이모티콘으로 보낸다// 정겨운 손 편지 써본지가 언제인지// 성탄카드 묵혀놓고 못 보낸지 몇 해인지// 손발이 편하다고 마음까지 편할까// 문명의 이기가 주인 되어// 우리를 다스리는 것 아닐까

—「문명의 이기」 전문

산업혁명 이후 수공업에서 기계공업으로 전환되면서 세탁기, 청소기, 식기세척기를 코드나 버튼으로 해결한다. 에어컨, TV, 선풍기도 리모컨으로 작동한다. 손으로 하지 않아도 기계가 해주는데 왜 더 바빠졌을까, 그리고 편리한 걸 모르고 어렵게만 생각한다.

전화조차 카톡으로, 축하나 감사조차 이모티콘으로, 손 편지도 못 쓰고, 성탄 카드도 못 보내 손발은 편한데 마음은 불편하고 서로가 멀어진다. 사람이 해야 할 일마저 기계가 하면 사람이 할 일을 잃어버리고 만다. 사람과의 사회생활은 흩어지고 기계에 매달리게 된다.

편리한 데만 관심을 기울인다는 것은 사람이 할 일을 기계에 시키면서 일하고 있던 직장마저 없어지는 것이다. 그리고 사람들은 할 수 있는 일이 없어 기계의 노예로 전락하지 않을까 염려가 된다. 왜 우리는 스스로 존재의 가치를 추락시켜야 하는지 묻고 있다.

위풍당당하던 기세는 어디로 가고/ 좁은 우리에 갇혀 늘어져 자는 사자// 육중한 체구에도 불구하고/ 재롱에 투혼을 발휘하는 코끼리// 관람객이 던지다 철망에 끼인 먹이 부스러기를/ 덩치에 어울리지 않게/ 앞발로 꺼내려 애쓰는 곰// 바다를 떠나와 수조에서 평생/ 벗어나지 못하는 물고기들// 느닷없이 잡혀 와 자유를 빼앗긴 대가는/ 노력 없이도 주어지는 먹이뿐// 그리운 고향으로 돌아갈 희망도 없는데/ 오늘도 이루어질 수 없는 꿈을 꾼다

─「동물원에는 실향민이 산다」 전문

 동물원은 많은 동물을 모아 먹여서 기르면서 연구하는 한편 일반에게 관람시키는 시설이다. 대부분의 동물은 고향에서 살던 동물들을 시설에 가두어 놓은 것이다. 산과 들을 잃어버리고 우리에 갇혀 부자연스럽고 외로움을 견디며 살고 있다.
 동물원에 사자나 코끼리는 본분을 잃고 늘어져 자거나 재롱에 모두를 건다. 먹이 부스러기 꺼내는 곰이나 바다를 떠나온 물고기도 노력 없이 주어지는 먹이뿐이다. 이들은 오늘도 고향으로 돌아갈 희망도 없는데 이루어질 수 없는 꿈을 꾸고 있다.
 동물들은 산과 들을 떠나와 고향을 잃지만 한참을 바라보다가 전쟁이나 정치적인 상황으로 고향에 돌아가지 못하는 실향민의 안타까운 비유를 통하여 가슴을 아프게 한다. 태어나 자란 고향 말고도 늘 마음으로 그리워하거나 정답게 느끼는 곳을 잃은 것만 못할 것이다.

말로 찌르는 칼에 베었다/ 아주 깊이/ 안으로 스며든 피는 전신을 타고 흐른다/ 밤낮없이 통증이 괴롭힌다/ 내 본심을 왜곡하고 비난했다/ 진심이 통하지 않는 게 슬프다// 불같이 화를 내서 시원했을까/ 나를 찌르는 칼에 그도 베이지 않았을까// 무엇이 치료가 될까/ 두 손을 모은다/ 나도 남에게 상처를 주지 않았을까/ 의도하지 않았더라도/ 나로 인해 다친 이가 있다면/ 용서를 구하고 싶다// 원망과 미움은 털어버리자/ 오해가 이해로 바뀔 때까지 기다리자/ 인내와 용서도 용기라고 했다/ 언젠가는 화해의 손을 잡을 날 있으리라

—「말의 상처」 전문

말이란 필요에 의해 당시의 상황에 따라 내용이 다르다. 말을 주고받으면서 듣는 입장에서 어떻게 받아들일까를 생각할 여유가 없다. 무심코 던진 한마디가 상대방에게는 깊은 상처가 되지만 말을 한 사람은 의식하지 못하고 만다.

그렇다고 들은 입장에서 따지고 들기에는 불편하거나 듣는 순간 의식하지 못하는 데서 비롯된다. 하지만 상처는 몸에 맞은 화살 독이 퍼져나가듯 생각할수록 깊어지고 치료하기가 불가능해진다. 다시는 상대의 말을 듣고 싶지 않았고 보고 싶지도 않았을 것이다.

화자는 상처가 너무 컸다. 칼에 베인 듯 심했다. 그러면서 반문을 통해 '나를 찌르는 칼에 그도 베이지 않았을까' 참고 또 참아야 했다. 그리고 '나도 남에게 상처를 주지 않았을까' 후회와 반성을 통해 우리를 더 아프게 한다. 반전은 이미지를 더욱 강하게

만들고 있다.

> 한 나무에 달린 열매도 모양과 크기가 제각각인데/ 가정환경이 다르고/ 외모와 성격이 다른 게 잘못은 아니잖니// 키가 작거나 힘이 약해도 다른 거지 틀린 건 아니야/ 날 있는 그대로 봐줘// 손가락 다섯 개 길이가 다르다고/ 따돌림당하는 손가락은 없어/ 우리는 기계에서 찍혀 나온 물건이 아니야// 내가 가장 두려운 건 너희들과 어울리지 못하는 거야/ 너희들이 따돌리면 슬프고 비참해/ 난 친구들과 놀고 싶은 평범한 아이일 뿐이야// 나의 세계는 너희들 속에 있어/ 함께 하며 같이 가자는 간절한/ 외침을 들어줘 친구들아

—「따돌림」 전문

집단이나 사회의 구성원들이 누구를 미워하거나 싫어하여 같은 무리에 들지 못하게 하는 것이 따돌림이다. 사람은 사회적인 동물로써 어울려야 살 수 있다. 다른 성격을 지닌 둘 이상의 사람이나 물건이 서로 잘 조화를 이루어야만 따돌림을 면할 수 있다.

어울린다는 건 서로 통하는 요소를 지녀야 한다. 그 요소를 서로 발견하지 못하면 자석에서 같은 극끼리 밀어내듯 함께 하지 못한다. 물론 혈연적인 환경이나 조직에서 보호나 사랑으로 감싸주는 경우 외에는 어렵다. 여러 명이 하나를 짜고 따돌림을 할 때 당하는 치욕적인 고통을 감당하기 어렵다. 물에 빠진 사람이 지푸라기라도 잡을 만큼 처절한 것이다.

화자는 당사자의 감정을 이입하여 곁에서 보거나

자신도 모르게 따돌려 괴롭힘을 준 사람들에게 경종을 울려주고 있다. 그뿐만 아니라 인격적으로 무시하고 존재감을 마구 짓밟아 가까이 다가서지 못하게 벽을 쌓아 올린 위선도 준엄하게 꾸짖고 있다.

② 시인의 심상(心象)

「네잎클로버」에서 딸 넷이 각자 부모의 꿈이 담긴 네잎클로버로 활짝 피워 주었고, 「기억 실종」에서 노년에 오는 기억력에 대한 우려를 풍부한 표현력과 깊은 사고력으로 고발하고, 「후회」에서 어차피 다음부터 잘해보자는 각오가 나 자신을 위로하는 결말을 얻는다면 그 과정을 너무 고통스럽게 하지 않나, 「해피」에서 아무리 내리사랑이라지만 애완용 동물과 노모가 서로 견줄 대상이었던가, 말로만 표현 안 했을 뿐 마음마저 그랬겠는가, 그게 아닌데 갑자기 외로워진다.

> 맏이는 첫아이답게/ 탄생의 환희는 물론/ 대학입학과 졸업/ 결혼과 첫 손자까지/ 첫 경험의 기쁨과 감격을/ 내게 주었다// 인정 많아 무엇이든 나누기 좋아하는/ 둘째는 십 대에 유학길에 올라/ 외로움과 고달픈 타국살이를 견디고/ 교사와 승무원의 목표를 이루며/ 날개를 폈다// 자립심이 강한 셋째는/ 사별과 암 투병의 큰 역경을/ 강한 의지로 극복하고/ 국적과 인종을 초월한/ 헌신과 봉사/ 환경보호로/ 보다 나은 세상을 위한/ 걸음을 걷고 있다// 한국무용을 전공한 넷째는/ 국내외 무대를 누비며/ 아름답고 기품 있는 공연으로/ 전통무용의 진수

를 선보였고/ 남쪽에 터를 잡아/ 가족들에게 휴양지를 제공하고 있다// 인격과 성품이 바른/ 반려자들을 만나 가정을 이룬 딸 넷이 모이면/ 네잎클로버가 된다.

─「네잎클로버」전문

클로버는 토끼풀이다. 세잎클로버는 흔하지만 네잎클로버는 눈에 잘 띄지 않는다. 나폴레옹 일화에 의해 행운이라는 의미를 모두 알고 있다. 그러나 행복이 우리를 만나려 주위에서 서성거리고 있음을 모르듯 세잎클로버가 행복이라는 의미를 잘 알지 못한다.

딸 넷을 낳은 입장에서도 하나하나가 다 잘되기를 바랐고 딸들은 제 나름대로 하는 일에 열성을 다하여 노력을 다하여 뜻을 이뤘을 때 남다르게 즐겁고 행복했을 것이다. 본인의 노력과 부모의 뒷받침 역할을 아끼지 않은 것만큼 결국 행복이란 결실을 만난다.

맏이는 첫 경험의 기쁨과 감격을, 둘째는 교사와 승무원의 목표를 이루며, 셋째는 역경을 이겨내고 보다 나은 세상을 위한 걸음을, 넷째는 전통무용의 진수를 선보였고 가족 휴양지를 제공하였다. 딸 넷 하나하나가 부모의 꿈이 담긴 네잎클로버로 활짝 피워 주었다.

냉장고 문을 열고 우두커니 섰다/ 창고에 들어가서도/ 장승이 돼버린 나// 뭘 가지러 왔지?/ 미아처럼 기억 속을 헤매다/ 하릴없이 도로 나온다// 잠시 주방을 떴을 뿐인데/ 현실의 시간은/ 잠시가 아니었나 보다// 가스레인지 위 냄비가 타고/ 잠그지 않은 정수기 물이 넘쳐/ 한강을 이룬다// 생각날 듯 말 듯 가물가물한 이름/ 기억의 한 자락 붙들고 애써보지만/ 입안에서 맴돌다 멈출 뿐.// 그런데 정작 잊고 싶은 건/ 왜 선명한지/ 상처 분노 배신// 굳이 저장하고 싶지 않은데/ 왜 기억 속에 남아있는지.

―「기억 실종」 전문

   일상은 유년의 단순함에서 성년이 되면서부터 다양하게 늘어났다. 많은 걸 기억하고 활용해야 했다. 그러면서 여러 가지 일을 동시에 생각하기에 이르렀다. 하나의 일을 할 때면 집중해야 할 텐데 딴생각을 하다 일을 그르치는 경우가 생기기 시작했다. 바쁘게 사는 대부분 성년들의 현상이다. 기억나지 않다 다시 기억이 나면 건망증이라고 한다.
   오래전에 기억력이 좋을 때 기억된 건 잊히지 않지만 근래 것일수록 기억하기 힘들다. 예를 들어 냉장고에서 꺼내려던 것은 다시 기억나면 되지만 가스레인지 위에 냄비, 잠그지 않은 정수기 등은 심각한 사고로 이어진다. 오랫동안 사용된 기계가 고장이 나듯 우리의 기억은 점점 쇠퇴되어간다. 일상생활에 지장을 주지 않는 정도에서 달아나지 않길 바란다. 화자는 노년에 기억력에 대한 우려를 풍부한 표현력과 깊은 사고력으로 고발하고 있다.

   내일로 미루지 마라/ 참 뼈아픈 말이다// 어머니께 사랑한다고/ 아버지께 감사하다고/ 말씀드렸더라면// 이야기하자는 너에게/ 바쁘니 다음에 하자고/ 미루지 않았더라면// 귀가 어두우신 아버지 전화를/ 공손하게 받았더라면// 돌아올 때마다 언제 또 올래?/ 똑같이 묻는 어머니께/ 상냥하게 대답했더라면// 내가 덜 쓰더라도/ 용돈을 더 드렸더라면// 상대의 입장을 헤아리고/ 말했더라면// 이미 내 곁에 안 계시지만/ 후회만 하는 것은 더 어리석다// 지금이라도 사랑을 표현하고/ 나눠줄 곳 둘러봐야지

—「후회」 전문

 이전의 잘못을 깨닫고 뉘우치는 것이 한두 가지가 아니다. 모두가 안타까워 발을 동동 굴러 봐도 시간은 되돌아오지 않는다. 그 순간의 여건에 따라 판단이 순리에 맞게 후회를 저지르지 말아야 하는데 항상 자신의 형편에서 오는 자존심이나 감정 때문에 오는 실수다.
 부모님을 비롯하여 손위나 아래 모두 후회의 대상에서 예외일 수는 없다. 가만히 생각해 보면 자상하게 대할 수도 있으련만 그렇게 냉정하였을까 하는 미운 나로 돌아와 비쳤기 때문이다. 다시는 안 그런다면서 지나고 나면 또 반복하고 마는 후회를 줄이지 못한다.
 우리에겐 그럴 수밖에 없었다는 필연적인 단안이 있다. 후회의 그물 안에서 벗어날 방안인지도 모른다. 어차피 다음부터 잘해보자는 각오가 나 자신을 위로하는 결말을 얻는다면 그 과정을 너무 고통스럽게 하지 않나 싶기도 하다. 사람은 완벽하지 않은 존재다.

 소식이 뜸하던 아들의 연락/여행을 가니 해피를 봐달란다// 지시인지 당부인지/유의사항을 꼼꼼히 알려주고/ 산책시간까지 일러준 후 떠났다// 노모가 열어본 냉장고는 썰렁한데/ 애견식품은 유기농 통조림에 간식까지 다양하

다// 해피는 푹신한 침구에 완구까지 갖춘 공간에서/ 말 그대로 해피한데/ 노모는 불편하다// 해피의 안부부터 묻는/ 돌아온 아들 내외/ 혈연을 나눈 가족보다 더 친근한 반려견// 돌아서는 노모의 가슴에 서글픔이 드리운다.

―「해피」전문

대가족제도에서 핵가족으로 가족생활의 형태가 달라지면서 가족의 개념이 달라지고 있다. 할아버지나 할머니는 부모와 형제자매로 한정된 가족 안에서 제외되고 있다는 것이다. 그러면서도 필요하면 찾아와 돌봐달라는 부탁을 받으면 씁쓸한 마음을 감추지 못한다.

봐주는 범위가 손자 손녀를 떠나 애견에게까지 내려왔다. 애견을 마치 자식처럼 여기는 추세를 감안하더라도 부탁하고 나면 은근히 비교되는 보이지 않는 섭섭함을 어쩌겠는가. 열어본 냉장고는 애견 통조림 외는 썰렁한데 노모는 지시인지 당부인지 구분하기 어렵다.

여행에서 돌아와 해피의 안부 먼저 물을 뿐 혈연 나눈 자식내외 돌아서는 노모의 가슴은 낯설고 서글프다. 아무리 내리사랑이라지만 애완용 동물과 노모가 서로 견줄 대상이었던가, 말로만 표현 안 했을 뿐 마음마저 그랬겠는가, 그게 아닌데 갑자기 외로워진다.

3. 나오는 글

시는 정서나 사상 따위를 간결하면서 운율을 지닌 함

축적 언어로 이미지를 만들어 표현한 문학의 한 갈래다. 일상에서 벌어지고 있는 다양한 사건이나 사물을 보고 모양과 움직임, 그리고 소리를 듣고 어떤 대상과 느낌에서 오는 유사함으로 의미를 유추해 내는 작업이다.

  전혜자 시인은 자신의 생활 주변을 살펴보고 느끼는 아픔을 헤아려 독자들로 하여금 공감대를 형성하여 강한 전율을 만들고 갇혀 있던 심신의 수렁에서 풀려나올 수 있는 새로운 세계를 제시하는 데 성공하고 있다.

  시인의 시를 읽다 보면 사람의 마음에 일어나는 여러 가지 감정, 또는 감정을 불러일으키는 다정다감한 성품을 지니고 있지만 옳고 그름을 가리는 면에서는 에누리가 없다. 큰일이나 작은 일로 스토리를 만들어 가다가도 매듭을 짓는 부분에 가서 귀결되는 묘사는 우리의 가슴을 울리기에 충분하다.

  어디 그뿐이겠는가. 사물이나 사건을 통하여 화자의 사적인 자상한 배려와 사랑을 담는가 하면 시야를 넓히고 이야기의 폭을 넓혀 우리 사회나 민족이 짙어지고 가는 가슴 시린 고뇌를 함께 하면서 어루만져주는 따사로운 손길을 펼쳐내는 데 주저하지 않았다. 외유내강의 용기 있고 힘 있는 이미지를 신선한 에너지로 선물하고 있다. 점차 변화하고 있는 전 시인의 시세계가 독특한 자신의 목소리를 갖고 독자들의 정서를 촉촉이 적셔주길 바라며, 시인으로 자리매김하는 시의 탄생 또한 주목하고자 한다.

문학세계대표작가선 1061
동물원에는 실향민이 산다

전혜자 시집

인쇄 1판 1쇄 2025년 10월 15일
발행 1판 1쇄 2025년 10월 22일

지 은 이 : 전혜자
펴 낸 이 : 김천우
펴 낸 곳 : 문학세계 출판부 / 도서출판 천우
등   록 : 1992. 2. 15. 제1-1307호
주   소 : 서울시 광진구 구의강변로 85 강우빌딩 7F
전   화 : 02)2298-7661
팩   스 : 02)2298-7665
http://cafe.naver.com/chunwu777
E-mail : cw7661@naver.com

ⓒ 전혜자, 2025.

값 18,000원

＊도서출판 천우와 저자의 서면 동의 없는 무단 전재 및 복제를 금합니다.
＊저자와의 협의에 따라 인지는 생략합니다.

ISBN 978-89-7954-968-3